VERBUM POESÍA

LA LLAMA DEL FUEGO,
LA BRISA DE LA NUBE

colección **Poesía**

Dirigida por PEDRO SHIMOSE

La colección Verbum Poesía ha mantenido desde sus inicios la vocación de dar a conocer voces poéticas de sostenido prestigio en sus países de origen, pero poco o nada conocidos en España, junto a nombres consagrados de la lírica universal, entre los que destacan: Gastón Baquero, José Kozer, Julián del Casal, Juan Ramón Jiménez, Rubén Darío, Federico García Lorca, E. E. Cummings, Steven White, Luis Antonio de Villena, Luis García Montero, Luis Alberto de Cuenca, Antonio Gamoneda, Pablo Guerrero, Ana María Facundo, Antonio Colinas, José Siles, Fernando Pessoa, entre otros.

DIEGO BÜRKLE SOLÓRZANO

LA LLAMA DEL FUEGO, LA BRISA DE LA NUBE

POEMARIO

Editorial VERBUM

© Diego Bürkle Solórzano, 2024
© Editorial Verbum, S. L., 2024

Tr.ª Sierra de Gata, 5
La Poveda (Arganda del Rey)
28500 - Madrid
Teléf.: (+34) 910 46 54 33
e-mail: info@editorialverbum.es
https://editorialverbum.es

I.S.B.N.: 978-84-1136-096-8
Depósito Legal: M-5722-2024

Diseño y maquetación: Iván García Molinero
Preimpresión: Adrians Esquivel Romero
Printed in Spain / Impreso en España

Este libro ha sido
impreso con papel
ecológico procedente
de bosques sostenibles.

ÍNDICE

Prosa...

... La llama del fuego es azul y, la brisa de la nube, invisible.
DIEGO BÜRKLE SOLÓRZANO.

*Dedicado a Yul Hansel Bürkle Solórzano (@yulburkle),
y al día lunes 30 de septiembre del año 1.974.*

Carta al lector o lectora

H ola. Qué gusto conoceros y que este libro esté en vuestras manos. Gracias. Por favor, recuerda: Este es ¡tu libro! y de con quién, tú, decidas compartirlo.

En este poemario, gracias a Dios, están plasmados algunos de mis pensamientos, sentimientos, emociones, ilusiones, vivencias, sensaciones y motivaciones; también son tuyas; si decides abrazarlas, acogerlas, conservarlas y guardarlas. Espero y deseo lo disfrutes, tengas, agarres, hagas tuyo, aprietes con fuerza; e introduzcas en tu pecho, corazón, mente, alma y espíritu y, luego de eso y si así lo quieres; hagas lo mismo, en el pecho, corazón, mente, alma y espíritu, de alguien más, ¡que tú decidas!, quieras y a quién te provoque; si es que eso es lo que te sucede. De nuevo, gracias.

Que cada una de estas páginas; tus páginas, vuestras páginas y, que gracias a Dios, creé, pensé, sentí y escribí para ti; sean el confín que demarque tu estado de ánimo, sentimiento, sentimientos, pensamiento, pensamientos, ganas, desanimo, desánimos, pasión, pasiones, emoción y emociones. También de tu suavidad, suavidades, rudeza, rudezas, pureza, purezas, impureza, impurezas, lealtad, lealtades, deslealtad y deslealtades. De tu amor, amores, desamor y desamores. De tu aprecio, aprecios, desprecio, desprecios, dolor, dolores, armonía, armonías, ilusión, ilusiones, desilusión y desilusiones. De tu ternura, ternuras, destreza y destrezas. De tu fe, esperanza, esperanzas, desesperanza, desesperanzas ó, ausencia de ellas. De tu fervor, frialdad, apego, apegos y desapegos; puedes recortarlas, arrancarlas, rasgarlas, no tocarlas, dejarlas, pensarlas, acariciarlas, olerlas y conservarlas y, según lo que decidas y quieras hacer; también puedes atesorarlas, entregarlas, dedicarlas, regalarlas, botarlas, releerlas u ocultarlas.

Que tu pasión, ilusión, ánimo, pensamiento, sensaciones y sentimientos; sean por siempre, tus límites, estadías y fronteras, tu posada, y que toda tú y todo tú; seas perpetua y permanentemente; tu propio bálsamo.

Diez besos, seas quién seas y, ha sido un gozo conocerte, besarte y escribirte.

Con amor y gratitud.

Con amor y gratitud.
Diego (*@diegoburkle*).

Sí

Sí, debajo de la seda, está.

Sí, tras la calidez que muestras, la noto.

Sí, desde tu iris, es ella quien me ve.

Sí, tus senos son de ella, y tu humedad, también.

Sí, en tus gemidos, habla y tus caricias le obedecen.

Sí, nace en tus pezones y; desde tu alma, escapa.

Lárgate tú, y déjala conmigo… Tan solo di, sí.

Burdel

Entro en la que ya es mi casa y, tú estás allí. Las bombillas rojas; para mí, son rosas que decoran.

El terciopelo, nos arropa. El intercambio, es nuestra rutina.

Nuestro beso, apaga el bullicio.

Mi trago, embriaga y relaja.

Tu comprensión absoluta, es inmediata y, denota amor verdadero. ¡Pero todo es comprado!

¿Y, cómo no serlo? si estoy en un burdel.

Hoy como ayer

Hoy como ayer, la vida quema y el amor sofoca y nutre.

Hoy como ayer, te amo.

Hoy como ayer, te odio.

Hoy como ayer, te tengo.

Hoy como ayer, te pierdo.

Hoy como ayer.

Tú y yo

Yo, tu más grande amor; tú, mi más bella flor.

¿Yo tu mayor perdón, y tú mi mayor temor?

La Fogata

La Fogata quema entre tus piernas y encandila mis venas.

La Fogata incendia tu mente y achicharra mi vida.

Todo tu deseo.

La Pintura

La Pintura mota tu alma y dibuja en la mía.

La Pintura enmarca mi amor y exhibe tu estilo.

Somos uno.

La Escarcha

La Escarcha brilla en tu piel y embellece la mía.

Tu escarcha entra por mis poros y, para siempre, tatuará mi vida.

La Flecha

La Flecha desgarra el aire y hace blanco en mi vida.

Tu flecha mata mi alma y alimenta tu vida.

Y, es tu olvido.

Fortuna

Fortuna no es ver al espejo y encontrar mi destello; fortuna es verte peinar, mirar y maquillar.

Fortuna es verte sonreír y llorar. Fortuna es verte desnudar.

Fortuna es verte sentir, sudar y amar.

Fortuna es verte vestir y caminar.

Fortuna es verte bailar.

Fortuna es ver al espejo y encontrar tu reflejo.

Fortuna es que estés aquí.

Sí y no

Sí, solo a nosotros dos, puede estarnos pasando esto; y de esta manera. Así que sí; eres tú.

No, no quiero derribar tus muros, ni perseguirte, tan solo quiero que vengas, o me esperes; con tu mano pura y blanca, como la nieve, expendida; mano que una vez toqué. Si no; yo voy a detenerme y a esperarte, con mi mano apuntando siempre hacia ti.

Ambos lo valemos por igual… ¿Sí ó no?

Agua

No quiero entrar a la ducha; porqué no quiero pensar. No quiero pensar que eres el amor de mi vida y que te vas; que ya hoy no estás.

Quizás entre… Tal vez el agua, lo sepa enfriar.

Arrepentimiento

Nunca te he debido ver, nunca. Nunca he debido subir, nunca. Nunca te he debido hablar, nunca. Nunca te he debido escuchar, nunca.

Nunca te he debido besar, nunca. Nunca te he debido duchar, nunca. Nunca te he debido cocinar, nunca. Nunca te he debido acompañar, nunca. Nunca te he debido abrazar, nunca.

Y nunca te he debido bailar, nunca.

Hoy me arrepiento de todo, y a lo único que le guardo amor, es al propio arrepentimiento... Aunque él; no sirva de nada.

La Flor

Te amo, porqué eres la única flor, que he visto nacer.

Te amo, porqué eres la única flor, que me ha hecho amar ¡al jardín entero!

Te amo, porqué eres la única flor, a la que le conozco el aroma y la tonalidad, desde antes de nacer, brotar y florear.

Te amo, porqué eres la única flor, de ese color.

Te amo, porqué eres la única flor, que salió de mí.

Te amo, porqué eres la única flor, que deseo ver.

Te amo, porqué eres la flor, que prefiero cuidar.

Te amo, porqué eres la única flor, para la que quiero estar.

Te amo, porqué eres la única flor, para la que debo estar.

Te amo, porqué eres la única flor, que no quiero olvidar.

Te amo, porqué eres la única flor, que aun dormido y en mis sueños; logro ver.

Te amo, porqué eres la única flor, que es ¡única! y porque además; eres mi hija.

Seguro

Seguro tú ahora, no piensas en mí. Seguro el maquillaje, cubrió el rostro de la niña que amo ver, amar y contemplar. Seguro hoy no eres esa pureza. Seguro hoy ¡tú la quieres oculta!

Seguro hoy el amor no se muestra ni se ve; ¡porqué yo no estoy allí!

Seguro bailas y sonríes al ritmo de las luces y de la melodía; que sí te acompañan hoy.

Seguro el Ron, lavó de tus venas, ¡tus sentimientos por mí! Seguro, y por un instante, olvidaste mi amor.

Seguro en este momento prefieres a la mentira que te acompaña y que vive, late y palpita, dentro de ti. Seguro no sabes qué elegir y, tampoco, eliges nada; porqué estás distraída. Pero seguro te equivocas.

El amor debe pensarse, recordarse ¡y hacerlo prevalecer y permanecer! El maquillaje se corre, quita, lava y desaparece. La pureza, permanece. El Ron se termina y amanece. Las luces se apagan, y la música descansa.

Mi amor por ti, no es cosa de instantes.

Seguro te hiciste mal, y; fue por un momento que ya hoy es y se convirtió en fugaz... y que se desvaneció. Seguro no debiste ¡estar distraída!

Seguro me olvidas, y seguro es para mi alegría. Pero seguro me hieres, y seguro te arrepentirías.

No te conozco

Hoy sé que te amo, y que ¡no! te conozco. No te conozco, y me dueles. No te conozco, y te odio. No te conozco, y me hieres. No te conozco, y me engañas. No te conozco, y me irritas. No te conozco, y me mientes. No te conozco, y me atacas. No te conozco, y me besas y envenenas.

No te conozco.

No te conozco, y no tengo más que sombras, obscuridad, dolor y temor. No te conozco y estoy contigo. No te conozco y te pertenezco.

Temible descocida: ¡Huye de mí!

Flor Roja

Flor Roja, hasta ahora; ¡nadie como tú!

Flor Roja, hasta ahora; ¡nadie como tú!.. Hasta ahora nadie me había visto con el amor con el que tú me miras.

Tus ojos lo muestran, y es, desde el primer día. Tus poros lo emanan, y es, desde el primer día.

Tú lo das, y yo lo recibo´, desde el primer día.

Flor Roja, tu mirada es como el cristal.

Flor Roja, no dejes de sentir.

Flor Roja, no dejes de latir.

Flor Roja, no dejes de existir.

Sábanas

No existe nadie más bella que tú, durmiendo.

No existe nadie más bella que tú, soñando.

No existe nadie más bella que tú, sonriendo.

No existe nadie más bella que tú, sintiendo.

No existe nadie más bella que tú, mirando.

No existe nadie más bella que tú, despertando.

¡Sábanas!; son tu vestido… no me iré.

El desprecio

Podría escribir éstas líneas para muchas personas maravillosas, que tengo la dicha tener, conocer y amar; pero las escribiré para ti... porqué me importas mucho, eres inconsciente, y tal vez; siempre lo serás.

Un día te comportarás como un mar bravío o picado. Otro, como un juez inútil e incapaz. El siguiente, como el necio que cree tener sabiduría y conocimientos; y yo siempre trataré de comprenderte, y a veces, de no escucharte; porqué sé que no hay hijo, que aguante ¡el desprecio! de su padre. No eres y eres, mi mar... No eres y eres, mi juez... No eres y eres, mi necio... Eres mi hijo, y por eso ¡no te desprecio!

Te observo, amo y quiero, si aciertas o erras, si sabes o desconoces, si especulas o te sientes seguro. Pero no te desprecio; porqué no lo aguantarías.

Arcoíris

Si yo sigo sintiendo esto; mi corazón se tornara purpura se sentirá, sereno.

Si yo sigo sintiendo esto, toda la luz será mía, ¡y resplandeceré!

Si yo sigo aquí; tus colores llegarán a mí... y entonces, ¡seré un arcoíris para ti!

Emigrante

Emigrante, yo soy a quien el combustible de tu nave, que parte, quema.

Emigrante, cuídate.

Emigrante, cuídame. Y, nunca te olvides de mí, que yo no lo haría de ti.

Piel Morena

Piel Morena, ¿es de nácar? ¿Es de azúcar? ¿Es de miel?

Piel Morena, ¿es de coco? ¿Es de mar? ¿Es de sal?

Piel Morena, ¿es del sol? ¿Es de arena?

Piel Morena; tan solo tú.

La Lágrima de cristal

Mi lágrima de cristal, la lloré una vez. Fue tan solo una vez; y por ambos ojos.

Primero brotó del derecho y luego del izquierdo. Era una, ¡y era la misma! Me confundí y alteré.

Mis nervios inmensos y potentes, desde adentro; invadieron todo mi ser... Me cegaron, paralizaron y, enmudecí.

Mi lágrima de cristal, era hermosa; aunque rasgó.

Mi lágrima de cristal, era fuerte y filosa.

Mi lágrima de cristal, es generosa.

Mi lágrima de cristal, es poderosa.

Mi lágrima de cristal, es caudalosa.

Mi lágrima de cristal, Reina y brilla.

Mi lágrima de cristal, es una bella, fuerte, sólida e impecable gota.

Mi lágrima de cristal, no se agota.

Mi lágrima de cristal, es Dios.

Mujer blanca

Blanca como la nieve, así eres tú.

Como lo blanco del fuego, así eres tú.

Brillante como la luz, así eres tú.

Frágil como un pétalo de rosa blanca, así eres tú.

Sexi como las tiras de un brasier, así eres tú.

Ardiente como el encaje de tus pantaletas, así eres tú.

Suave como la espuma que trajo la marea, así eres tú.

Lisa como el mármol, así eres tú.

Voluptuosa como la nube, así eres tú.

Homosexualidad, mamá Homosexualidad, papá

Homosexualidad, tan vieja como ustedes y longeva como los abuelos.

Homosexualidad, tan antigua como Adán y atrevida como Eva.

Homosexualidad, tan natural como la humanidad.

Homosexualidad, mi homosexualidad... ¿Si tan solo te aceptara?.. ¿Si tan solo te engalanara?

Mi homosexualidad, mamá, mi homosexualidad, papá... ¿Si tan solo ustedes nos amaran?

Azabache

Azabache, en el negro se te ve el fuego; y solo hablo de tu cabello.

Azabache, tus senos son delicias, esculpidas por un artista.

Azabache, tu abdomen es real, y tu ombligo, un rico pistilo.

Azabache, tu sexo es la rica selva, donde me gusta permanecer perdido.

Azabache, tus muslos me están prohibidos; pero yo quiero hacerlos míos.

Azabache, tus nalgas son mi placer, y a ellas quiero pertenecer.

Azabache... Tan solo te he soñado.

Vida

Vida, no es que tú duelas más de lo que alivias; es que lo segundo vuela y lo primero apenas camina.

Roce

Sueño con el roce de nuestros labios y, con el de nuestras narices, bailando suaves y unidas, en medio de un beso.

Sueño con el roce y las caricias de nuestras mejillas.

Sueño con el roce de nuestros pechos, unidos y desnudos.

Sueño con el roce de nuestras manos, al tomarse.

Sueño con el roce de nuestros vientres, y, con la unión de nuestras pelvis.

Sueño con el roce de nuestras piernas y pies.

Sueño con el roce de nuestras miradas y, con la fusión de nuestras almas, cuando hacemos del sexo, amor.

Te sueño... Y en él; siempre te rozo.

Muerte

Muerte, si tienes algo que duele, es lo definitiva que eres. Y me dueles a mí; que aún estoy vivo.

Beso francés

Beso francés, tu aroma.

Beso francés, tu sabor.

Beso francés, tu humedad.

En el baile perfecto de nuestros labios y narices, está nuestra unión.

Beso francés, tu tinta.

Beso francés, tu huella.

Tus labios desdibujándose y volviendo a su belleza natural, más mi papilas, descubriendo el sabor de tu labial; son el fuego que calienta y aviva la llama y la combustión de nuestro beso francés.

Tu beso francés, es mi estancia. Tu beso francés, es mi casa. Tu beso francés, es mi savia.

Amo tus besos... ¡hoy soy un francés!

Pintora

Pintora, no fue un flechazo; fue un brochazo. Es, como si tu cuerpo desnudo y untado de óleo; me hubiese traspasado y pintado el alma.

Pintora, yo estoy embadurnado de ti. ¿Tú lo estarás de mí? Probablemente, sí... Por algo te desnudaste, trajiste tus colores preferidos, los colocaste sobre tu piel y con ellos me marcaste y manchaste, para siempre.

Pintora, te amo; Pintora, te anhelo.

Pintora... quédate aquí.

Te extraño, me dices

Te extraño, me dices, y yo te digo «que si extrañas a alguien, nunca estarás contigo y yo siempre estaré en ti».

Te extraño, me dices, ¿y el extraño que habita en tu casa, está contigo o está conmigo?

Te extraño, me dices.

Yo a ti no, mi tesoro.

Prohibidos

Tú y yo pensamos que nos estamos prohibidos, y quizás nos equivocamos.

¿Prohibidos?, me pregunto, ¡¿prohibidos?!, exclamo. Al recordar las trenzas de cuero negro de tus sandalias, lo dudo. Cuando recuerdo mis manos blancas ajustándolas a tus tobillos, lo dudo aún más.

¿Prohibidos?

En ese instante, pude ver el placer que había en tus ojos; tratando de ocultarse y al deseo vistiendo toda tu piel. Nuestras ganas mutuas eran palpables y, la complicidad; nuestra y absoluta.

¿Prohibidos?

Nuestras miradas encontrándose y uniéndose, me confunden, y, el placer y las ansias del uno por el otro atrapadas en ellas; me confunden mucho más.

¿Prohibidos? Yo no lo sé.

¿Prohibidos? Dímelo tú.

Mujer

Mujer, tu eres fuego, eres bella, eres dulce, eres fuerte, eres paz, viento, brisa y tempestad, y aún así; te detienes y nos ves.

Mujer, gracias por eso.

Z

Z, te amo.

Z, te quiero.

Z, te espero.

Tu naturalidad y frescura, son esperados, son deseados, yo estoy enamorado.

Tu cuerpo será limpiado, y tus senos, acariciados.

Tu clítoris, animado.

Z, te amo… ¡y estoy enamorado!

Corazones rosas y purpuras

Corazones rosas y purpuras, ¡que ustedes sean la innovación, moda y tendencia!

Corazón rosa, ¡gracias por tu bondad, amor, pureza y amistad! Corazón purpura, ¡gracias por tu pasión, canción, fervor, luz y favor!

Margarita

Ni la flor ni la isla, sino tú.

X

X, te amo y pienso en ti... ¿tú pensaras en mí? Yo estoy enamorado de ti.

Tú sigues escondida; pareces prohibida.

Sol Andrea

Sol Andrea, yo quisiera tener un motivo y símbolo representativo, que me permitiera en él, mostrarte y entregarte, todo lo que en ti, percibo.

Tú eres bella, eres dulce, eres genial y noble.

Eres buena, talentosa, angelical, y a veces, cándida.

Siempre interesada en mi bienestar, corazón y amor. Amando a tu mamá, abuela y hermana. Calmada, gentil, y de nuevo; dulce.

Sol Andrea, si yo tuviese ese símbolo y motivo, quizás me despido; pero como no existe; es por eso que te escribo.

He podido

Dios, gracias a usted, he podido sentir amor, bondad, y también, pasión. Gracias a usted, he podido visitar el valor y a la fuerza.

He podido.

He podido, Dios, he podido.

Orándole... he podido tener religión, y además, canción.

He podido, Dios, he podido.

Sin dudas, gracias a usted, he podido, Dios, he podido.

Gracias.

Alma y espíritu

Tuya es mi alma, mujer.

Suyo es mi espíritu, Dios.

Asfixia

Siento que me asfixio, que sin ti, no existo, y asfixia.

La separación, asfixia; la distancia, asfixia; y el sentimiento ahoga, y se ahoga; en ésta asfixia.

Ya no queda más que la asfixia, y asfixia.

Sin ropa interior

Te quiero y te espero, sin ropa interior. Con tu vestido azul obscuro, de tela suave y estampado de pequeñas y sencillas flores blancas con pintadas violetas... Y recuerda, sin ropa interior. Que tu cabello liso, largo y negro; esté húmedo y brillante... y que tu tersa y pálida piel; se encuentre pulcra, fresca, natural y perfumada tan solo de tu aroma.

Que la ausencia de un brasier, me deje ver y, desear besar, los ricos brotes que hay en tus senos... Y que, la falta de tu pantaleta; le permitan al aire tibio del ambiente, penetrar el ruego tejido de tu falda; para así acariciar y calentar, aún más, tu deliciosa flor.

Así te quiero y espero, mi amor, sin ropa interior.

Piel de marfil, boca de azúcar

Tu piel es de marfil y tu boca de azúcar; tú lo sabes, y, lo disfrutas.

Me besas, me besas y me besas… me tocas, me tocas y me tocas. Yo lo redescubro.

Con tus besos, endulzas toda mi boca y toda mi piel; pero amargas mi mente, alma y corazón, además de que enfrías e hielas, todo mi cuerpo… ¿y cómo no lo harías?; si tú eres fría y de marfil.

Azúcar Morena

Besar cada poro de tu piel, es mi vicio. Cada uno de ellos; son los diminutos granos de azúcar morena, capaces de poder alimentarme.

En tu hoguera se calienta, espesa y derrite; el más puro y exquisito caramelo, y yo; siempre quiero comerlo, tragarlo y, saborearlo. Mientras lo hago; tus cabellos se transforman en los hilos de melcocha más dulces, lizos y finos; con los que, como un niño emocionado; me entretengo, juego, toco, estiro, disfruto, entusiasmo y embadurno.

Azúcar Morena, tu vapor, es mi aroma, y tu sabor; mi adicción.

Tu corazón

Es de tu corazón, de quién estoy enamorado, no lo cubras, no lo tiñas ni manches, no lo dañes, no lo cambies, no lo escondas.

Tu corazón es lo más bello de ti... es tu tesoro, yo lo adoro... y es mi fortuna.

Quiero

Quiero despeinarte y comerme tu maquillaje.
Quiero desnudarte.

Quiero llenarte de mi olor y sentir tu sudor.

Quiero descubrir tu sabor.

Quiero tocar tu calor y contemplar tu excitación.

Quiero...

... De todo, quiero.

Tú, cambiaste

Tú cambiaste los esquemas que yo tenía.

Tú cambiaste los estereotipos, que en mí habían.

Tú cambiaste lo que yo vivía.

Tú cambiaste mi vida, mis analogías, mi sincronía y mis inteligencias y sabidurías.

Enfermedad

Cada pensamiento, es un látigo. Toda sensación,
una ráfaga. A veces desespera e, hiere... otras noquea, y
siempre; abate.

Siempre duele, desanima, entristece y desespera...
Pero, ¿cuál es mi enfermedad? Ninguna, tan solo es ansiedad.

Sensibilidad

Al parecer... Todo me toca, acaricia, rasga, golpea, llega, se aproxima y, luego, me alcanza.

Al parecer... Todo lo siento, toco, palpo y padezco.

Al parecer... Debo vivir así. No lo sé.

Tristeza

Tristeza, ¡vieja amiga!, ¿qué haces aquí? Ya te conozco bien; no solo eres tú. Contigo, vienen la infeliz nostalgia, la patética desilusión, la cruda desesperanza, el temible enfado y el cruel desamor... ¡No solo eres tú, hija de puta!, y lo sé.

¡Vete, por favor! No hieras más, maldita.

Instrumento Musical

Soy escritor, y a ti te escribo, Instrumento Musical.

Por tu belleza, tu brillo, tus melodías, tus sonidos, tus cuerdas y acordes y, por tu perfecto e impecable matiz.

Instrumento Musical, ¿cuál es tu destino?, ¿qué de tu camino?; ¿Es conmigo o es distinto?

Instrumento Musical, ven conmigo, quédate a mi lado, yo soy tu camino… Y yo soy tu destino.

En particular

En particular tú, mi amor y mi enamoramiento de ti.

En particular tu piel y pies.

En particular tus manos, sus gestos, ademanes y tu feminidad.

En particular tus muecas y sonrisa.

En particular el bello lunar de tu cadera.

En particular tu aroma natural.

En particular tu cuerpo y cuello.

En particular tu boca.

En particular tu nariz y, el verla de perfil.

En particular tus senos.

En particular tu largo cabello.

En particular lo que siento por ti; porqué es ¡único! y particular… Me gustas mucho, amada y enamorada, ¡yo también estoy enamorado de ti!, y debes saberlo.

Te quiero suave, fogosa, apasionada y enamorada, latiendo y viviendo… vulnerable, romántica, acariciada, fresca, pura y entregada.

Sí… ¡como nunca has sido!, particular.

Al instante

Es como si al instante, te perteneciera.

Todo comenzó al decirnos hola y al mencionar
nuestros nombres, pero no; tú ya estabas aquí; en mí.

Creí que no te conocía, y no fue así; tal vez naciste
junto a mí, el día en que yo nací.

Es obvio que te pertenecí.

Antes de llegar; ya tú estabas aquí.

Mirada de mujer

Mirada de mujer, eres única en el mundo… hablas, muestras, dices lo que quieres y exhibes lo que sientes y lo que tu cuerpo y ganas, encierran.

Expones pasión, amor y seducción… atraes, amas ¡y enciendes! Muestras, consuelas y adviertes… desnudas, nutres e iluminas.

¡Mirada de mujer, solo tú; puedes incendiarlo todo! Y tan solo eres una mirada.

Mujer, no dejes de verme, y con tu mirada; de lanzar tus flechas, «flashes», luces y destellos. Te amo, necesito y, quiero viéndome.

Envidioso y Envidiosa

Envidioso y Envidiosa, no es ego; no trates de ofenderme... Es amor propio, bienestar y autoestima. ¿Sabes?, es difícil escribirte esto; porqué no te lo deseo... no te deseo lo que tienes dentro, lo que eres y con lo que estás obligado a vivir: Contigo.

Oh, sinceramente lo lamento... Lamento que tengas que vivir contigo. Me aflige que seas así; quisiera poder ayudarte, ¡pero no!; ¡debes hacerlo tú!

Fíjate en mí; eso será bueno para ti.

Envidioso y Envidiosa, no te dañes más... Sanate, cúrate, cuídate, mejórate; estos son mis deseos para ti. Yo, quiero, tu mejoría ¡y, tu sanación!

Envidioso y Envidiosa, no lo vuelvas a olvidar... No es ego; es amor propio, autoestima y bienestar. No te vayas a enfadar. A pesar de ti; yo puedo amarte y quererte.

Envidioso y Envidiosa, te amo

Envidioso y Envidiosa, te quiero

Vino Tinto

Vino Tinto, divino en todo sentido. La copa cristalina deja ver tu pureza, honestidad y sensualidad. Su forma y silueta; ¡son tus perfiles!, y en ellos, quiero perderme, y tú; me lo permites.

Vino Tinto, tu aroma y sabor, son tus besos, vapor y humedad, y, tu color, es el de tu vestido.

Vino Tinto… de fruta o de nueces; de tierra o de aire; suave y fuerte. Así te veo, aquí te veo, en mi copa estás. Y en ella; comienzas a bailarme desnuda.

Piel

El amor, es la formula. La lealtad, es la chispa. El deseo, es el bálsamo. Los besos, son el aderezo. Las sonrisas, el aura.

La simpatía y cordialidad, son el algoritmo.

La sensibilidad, es el sustento y alimento.

Piel, tu armonía y pulcritud y mi enfado y juventud.

Piel, tú y yo; yo y tú.

Tus labios rosas

Tus labios rosas.

Quiero comerlos y tenerlos; son del más puro caramelo. Tus labios rosas, la flor más bella y la mejor canción; ¡son toda mi pasión!

Tus labios rosas, son mi destino y constante anhelo.

Tus labios rosas, el mejor sabor y el más rico olor.

Tus labios rosas, son fuego y calor.

Tus labios rosas… ¡Mi precioso color!

Tus labios rosas. Son el brillo, que me hace, de nuevo, querer ser un niño.

Tus labios rosas, son mi deseo.

Tus labios rosas… ¡la joya de mi tesoro!, y yo los adoro.

Beso Inocente

¿Quién pensaría que a mi edad, tú me darías un beso inocente? Y así fue. Beso Inocente, desde que estás aquí, y llegaste a mí; entraste, viniste. Y te plantaste. Tu cabello negro, es el más bello... Tu presencia, es inocencia; y tu actitud, plenitud.

Tus rasgos son los rastros y el camino, que siempre quedan en mí, y que yo quiero seguir. Y tu mirada no intimida, sino invita.

Tus ganas de aprender, son un placer, y tu curiosidad y maquillaje; todo mi equipaje. Tu humildad y presentación; desatan mi pasión. Y tu fuego, es mi freno. Tus ganas, mi equilibrio... y el cristalino de tus ojos, es mi constante recordatorio.

Beso Inocente, siempre estás presente.

Beso Inocente, el frescor, dulzura, sabor y humedad de tu saliva, ya está en mi vida; y es tu caudal personal, en mí.

Beso Inocente, dejémoslo hasta aquí y así; ¡porqué yo quiero amarte siempre!

Marina

Marina, ¡qué bellas tus playas!; preciosas tus vistas.

Que rica es tu brisa, y agradable tu aroma.

Marina, dame posada, y comparte tu sombra. En el atardecer; dame placer y cúbreme con tu piel, y al amanecer; pruébame tú, al despertar y, consume toda mi sal.

Marina, tú siempre húmeda y bronceada.

Marina, quédate; Marina, bésame... Yo te pertenezco.

Yo en ti, amanezco.

Tu mamá y yo

Tu mamá y yo, lo único que hemos querido hacer, es quererte… Tu mamá y yo, no sabíamos qué más hacer.

Tu mamá y yo, éramos jóvenes, que amaron como adultos y te dimos como fruto.

Pibe

Pibe, algunos vivos tus sueños e ilusiones.

Algunos te vimos joven.

Pibe, algunos vimos la roja del Junior, y todos; la del Boca Juniors. Pibe, el azul y blanco de tu Albiceleste y el rosa de tu corazón. Pibe, todos vimos... ¡toda tu pasión!

Pibe, en Nápoles, te adoran y; en Argentina, te valoran, Pibe. Pibe, tu recuerdo es firme, Pibe, siempre fue tu temor.

La cocaína, fue sin dudas tu enemiga, Pibe... ¡como castiga!

Pibe, tú veías el balón y todo a tu alrededor; yo solo tu pasión.

Siempre vi tu inmenso amor.

Descansa en paz, Pibe, y ten paz, diez...

... Diego...

... Armando.

La flor en tu cabello

La flor en tu cabello, es real y es mía; yo la coloqué.

La flor en tu cabello, es poesía y es amarrilla. No me sonrías y siéntete mía.

La flor en tu cabello, te hace mejor y da mi compañía.

La flor en tu cabello, te hace mía… Nunca la quites, déjala allí.

Vive

Vive para que no te agrade mucho el mundo y lo material.

Vive para que no te agrade mucho agradar, sino para agradarte y honrarte.

Vive y esfuérzate para que te muevan los latidos de tu corazón y su contenido.

Vive y esfuérzate para que la electricidad de tu mente, sea luz.

Vive y esfuérzate para honrar la esencia de tu alma y espíritu, en cada acción.

Vive para que tu corazón sea el paisaje, tu mente la pradera, tu alma el océano y tu espíritu el museo, en el que te encuentras, la que deseas ver, en el que quieres sumergirte y el que ansias disfrutar y visitar.

Vive para que tú seas la vida y el planeta... tu planeta.

Vive... tan solo vive con lo que tienes dentro de ti; porqué eso eres y esa es tu vida, nunca lo olvides.

Carrusel

Tu amor es un carrusel de tonos turquesas y pasteles, que no se detiene. En él; los caballos se miran y siempre gira. No fija carteles y ¡siempre! enciende.

Sí, sí, sí, querida; tu amor es un carrusel, que siempre me mira y que nunca lastima.

Siéntate conmigo en él, y sigamos girando; porqué tu amor es un carrusel.

Mujer en llamas

Mujer en llamas; ese es tu nombre; así te veo y envueltas en ellas, te deseo. Nada más sexi que tú.

Mujer en llamas, cálmate; esos son tus sentidos y sentimientos, encendiéndose. Cuando te incendias; en ti eso, es natural y normal. Mientras deseas, nunca te afeas, te haces más bella, y, llenas. Tu mirada cambia. Y tu cabello se arma; tu piel se impregna, brilla y perfuma; tus labios se inflaman y humedecen; tu lengua siente, moja y toca. Tú quieres tocar y, tocas.

Desde el interior de tu flama; el calor te impulsa, lanza y levanta. Quema; me quema y te quema. Arde deliciosamente y cubre, abarca y se expande por toda tu falda, mente y completamente sobre mi piel. El ardor del fuego se concentra en tus ganas. Tu vientre quiere moverse, danzar y girar, y tú; gemir. Tus ojos se quieren cerrar, y tú; disfrutar, apoyarte, moverte y sentir. Así, cuando estás en llamas; tú eres selva, océano, luz del día, obscuridad de la noche, arena del mar, ¡montaña!, amanecer, atardecer, brillo y placer. Eres como un rayo, todo en ti; es resplandor, lluvia, sequia, frio y calor... Alma, espíritu y amor. Sabor, calma y tempestad... claridad, cantidad, sonido y silencio. Eres cielo y tierra; aroma y sudor; humedad; miel; piel; polen; césped; flor y sudor; una planta. Eres todo lo que quieras ser capaz de ser... ¡y todo es natural!, sencillo, simple y normal.

Este es tu instinto, naturaleza y origen, principio y fin. Estas tus pasiones, amores, sensores, ganas y vibraciones. No las apagues, ocultes ni disimules.

Cuando quieras amar, follar o tirar; hazlo... ¡Que nadie controla, incendia y seduce más, que tú en llamas!.. nadie lo hace todo mejor, nada es tan rico ni sabe mejor. Nada enciende más... nada gusta más... nada provoca más... nada es más atractivo. Nadie siente y da más placer, que tú en llamas; ¡y nunca va importar tu edad!

Una mujer en llamas, tan solo tiene ganas.

Una mujer en llamas, ama.

Salvaje

Salvaje... cuando me miras con deseo y ganas y cuando quieres besarme.

Salvaje... cuando quieres que te bese y, que te lama el cuello.

Salvaje... cuando quieres lamer mi rostro y que yo, bese el tuyo.

Salvaje... cuando tus labios se ensanchan, llenan de sangre, sensaciones y mucha sensualidad.

Salvaje... cuando quieres morderme.

Salvaje... cuando sientes rabia y ganas y, esas ganas; te enfurecen.

Salvaje... cuando lo que sientes, deseas y quieres; te domina.

Salvaje... cuando enfurecida; comienzas a ceder a tus más primitivos y naturales instintos, impulsos, pasión ¡y a toda tu fogososidad!

Salvaje... cuando te comienzas a mojar.

Salvaje... como te humedeces y empapas.

Salvaje... todo tu calor; así lleves pantalón.

Salvaje... como tus senos comienzan a explotar.

Salvaje... cuando con rabia, deseo, pasión y ganas, pegas tus pechos al mío, mientras me miras, besas, desafías y amenazas.

Salvaje... cuando te aferras y tiras de mi cabello, antes de besar mi cuello.

Salvaje… cuando besas mi barbilla.

Salvaje… cuando bebes mi sudor y sientes fuego.

Salvaje… cuando vuelves a besarme.

Salvaje… cuando llegas a mi cinturón.

Salvaje… ¡toda tu pasión!

Salvaje… cuando definitivamente decides entregarte y te sobra el sostén.

Salvaje… cuando deseas sentir mis dedos dentro de ti.

Salvaje… como mis dedos se deslizan a través de tu humedad y, tú cierras tus ojos para sentir en plenitud y con completa exactitud.

Salvajes, tus pechos… y sus ganas de ser tocados y besados.

Salvaje… cuando te rompo el camisón.

Salvaje… cuando los toco.

Salvaje… como encajan en mis manos.

Salvaje… cuando te los mamo y beso.

Salvaje… cuando te desabrocho el pantalón.

Salvaje… cuando aparto tu pantaleta y vuelvo sentir tu humedad y calor; al probar tu sabor.

Salvaje… cuando vuelves a gemir.

Salvaje… como te aferras a mi cabello.

Salvajes… tus labios inflados y rosados.

Salvajes… tus besos.

Salvaje… tu olor.

Salvaje… tu sudor.

Salvaje… tu sabor.

Salvajes… tus ganas.

Salvaje… tu fuerza.

Salvaje… cuando quieres dominar, para ser dominada.

Salvaje… como te enfureces.

Salvaje… como me entregas tu braga, y yo la siento liviana.

Salvaje… su aroma y que esté empapada.

Salvaje… a lo que sabes.

Salvaje… tu vientre.

Salvaje… tu respiración.

Salvaje… como te sientes.

Salvaje… lo que tienes.

Salvaje… lo que eres.

Salvaje, por siempre se mi puta; que yo te amo, princesa.

A ti

Hoy todo lo que veo, me recuerda a ti. Cada nariz, todo cabello, todas las bocas, todos los labios, todas las cejas, todos los ojos… ¡todo!

Hoy todo me recuerda a ti. Lo dulce de tus besos, el aroma de tu piel, el cristal de tu mirada, tu sonrisa enamorada y dientes perfectos, tus pequeñas y amables manos y a tus preciosos pies.

Hoy todo lo que veo, me recuerda a ti. A tu calor, tu calidez e inconsciencia ante mí. Tu estupidez y arrogancia. Tu carácter, obediencia e irreverencia. Tu suavidad y armonía. Lo claro de tu amor. Tu cuerpo, y tus senos. El rosa vivo de tu lengua. Tus tiernas caricias. Tus kilos de más. Tu cintura y huesos. Tu sensualidad. Tu lujuria, tensión y pasión. Tu claridad y obscuridad.

Hoy todo lo que veo, me recuerda a ti.

Madrugada

Madrugada, gracias por todo, amada, y adiós; ya no te soporto. Odio tu oscuridad, desolación y silencios y, cuando luego de ti, y al despertar; también me haces detestar al bello, rico, fresco y precioso, amanecer. A sus gorjeos y trinos, a su rocío, a su magnífica luz, a sus sonidos, cantos y caricias y a la alegría de su hermosa alborada. Madrugada, ya nada me gusta de ti.

Madrugada, déjalo así y huye de mí, o, permíteme a mí, poder huir de tus faldas, de tus brazos y abrazos, de tus sábanas blancas, de tus labios rojos, de tus besos, de toda tu piel, de tus finas y tibias manos, ¡de todos tus poros!, de tu desolada atmósfera y de tu inquietante tranquilidad, soledad y quietud.

Madrugada, huye de mí; Madrugada, vete de aquí.

Por favor, vete ya.

Al aire libre

Al aire libre tus besos, al aire libre tu amor, al aire libre te doy mi amor, al aire libre te enciende el sol.

Al aire libre los remos. Al aire libre el bote y el sonido del vaivén que convierte nuestra balsa y su madera en un tambor y al agua en las baquetas que la azotan con armonía, melodía, ritmo y amor.

Al aire libre el viento, al aire libre el calor, al aire libre inhalo toda tu pasión.

Al aire libre sonríes, al aire libre te vistes, al aire libre te secas, al aire libre tus pecas.

Al aire libre el pabellón de tus orejas.

Al aire libre brilla todo tu cabello.

Al aire libre te disfruto y contemplo.

Tú lo tienes todo

Tú lo tienes todo: La mueca, el gesto, el ademán, la nariz, la sonrisa, la piel, el tono y el color de voz, la ropa, el pincel, el género y la luz.

Tú lo tienes todo: El vestido adecuado, los aretes, el labial, la pulsera, el movimiento, la danza, el andar y el aroma.

Tú lo tienes todo: El brillo, el ritmo, la feminidad y el estilo, el olor natural y salvaje, y, aunque sé y estoy seguro de que ya lo dije y expresé; en este momento en el que estoy y me mantengo pensando y prendado en ti y de ti; lo único que quiero es seguir contando, cantando, declamando y repitiendo, que tú lo tienes todo.

Todo.

Todo lo que quiero y todo lo que necesito.

Obra de Teatro

Deja la Obra de Teatro; que lo único que te hará sentir vivo o viva, es lo que llena, está y sale de tu corazón. Deja la Obra de Teatro; que lo único que te hará sentir libre, son tus alas, y ellas; están en tu mente, en tu alma y en tu espíritu.

Deja la Obra de Teatro; que en realidad lo único que tienes, es la Divinidad en la que crees, a ti misma o a ti mismo.

Deja la Obra de Teatro; porqué es contigo mismo o contigo misma, con quien vives cada segundo de tu vida, cada pálpito, cada latido y cada segundo.

Deja la Obra de Teatro; porqué ellos no son público ni audiencia, sino ridículos.

Deja la Obra de Teatro; porqué no te soportas, ahora; ¿imagínate soportarlos a todos?

Deja la Obra de Teatro; porqué gracias a Dios, tú tienes tu propio encanto, y él; es único.

Deja la Obra de Teatro; porqué te pierdes y nos privas de ti.

En fin... Deja la Obra de Teatro; porqué nadie huele como tú, sabe a lo que tú, piensa como tú, irradia lo que tú, vibra como tú, es como tú, ni razona ó siente como tú.

Deja la Obra de Teatro; porqué nadie creerá en ti, como puedes hacerlo tú.

Amate, y sé tú.

Deja la Obra de Teatro.

Sé tú.

Último baile

Si hubiésemos sabido que sería nuestro último baile juntos; estoy seguro que te hubieses peinado de manera diferente. Si hubiésemos sabido que sería nuestro último baile juntos; estoy seguro que hubieses decidido colocarte labial. Si hubiésemos sabido que sería nuestro último baile juntos; estoy seguro que hubieses rociado tus manos, cuerpo, cuello, rostro y cabello; con tu perfume predilecto. Si hubiésemos sabido que sería nuestro último baile juntos; estoy seguro que hubieses seleccionado para ti, y, colocado sobre ti; tu más bello e impecable atuendo. Si hubiésemos sabido que sería nuestro último baile juntos; tus zapatos no solo hubiesen sido calzado, sino el más exquisito, atinado y perfecto accesorio.

Si hubiésemos sabido que sería nuestro último baile juntos; hubieses escogido tus prendas de joyería con mayor cuidado y atención; o simplemente habrías decidido no utilizar ninguna o tan solo una.

Si hubiésemos sabido que sería nuestro último baile juntos; tú hubieses elegido la locación, las velas, los tragos y la fragancia del incienso que perfumaría la atmosfera que nos envolvía.

Si hubiésemos sabido que sería nuestro último baile juntos; con amabilidad, vulnerabilidad, amor, fuerza y, sujetando suavemente mis manos con las tuyas; hubieses acordado el tema y llevado el hilo y tono de la conversación.

Si hubiésemos sabido que sería nuestro último baile juntos; tú hubieses dado, buscado y seleccionado el momento exacto, perfecto y correcto de nuestros besos. Si hubiésemos sabido que sería nuestro último baile juntos; habrías preferido que hiciésemos el amor.

Si hubiésemos sabido que sería nuestro último baile juntos; tú hubieses pensado, dado y dicho nuestro mejor adiós. Y si hubiésemos sabido que sería nuestro último baile juntos; me hubieses lanzado, brindado y regalado tu más bella, pura y única mirada final y, pedido; que yo te obsequiara la mejor de las mías... Pero no lo sabíamos... Incluso hoy desconcierta que estemos y permanezcamos separados y que yo ya no esté a tu lado. Separados; aunque nunca olvidados.

Todo esto hoy te preocupa y ocupa; pero no estés inquieta, mi amada, que yo sé, desde la primera vez que nos dijimos «hola»; quién eres, lo que sentiste en ese instante, como fuiste y eres conmigo y quién eres para mí... todo lo que diste e hiciste por mí, de mí y para mí... lo que sientes hoy y ahora, que sentiste entonces y, sobre todo sé; lo que siempre vamos a sentir el uno por el otro.

Las parejas y los amantes pueden algún día llegar a odiarse, lamentarse de haberse tenido y encontrado, lastimarse y aborrecerse, individual o mutuamente; pero los verdaderos enamorados no, y nunca, y eso siempre y gracias a Dios, hemos sido y permanecemos siendo tú y yo, desde el primer día:

Dos lúcidos y verdaderos, enamorados.

Boca

Respirarte en un beso, sería el ósculo más bello del mundo. Respirarte en un beso, sería el cielo para mí, y él; estaría aquí en la tierra. Respirarte en un beso, sería el amor, tu amor y mi amor. Respirarte en un beso, sería tu más puro sentimiento ¡y, toda mi pasión!

Respirarte en un beso, también sería dolor.

Respirarte en un beso, sería ¡absoluto frescor! Respirarte en un beso, sería como oler una flor. Respirarte en un beso; sería placer y ardor.

Respirarte en un beso, sería amarte, enamorarte, tenerte, retenerte, verte, comprenderte, detenerte, olerte, sentirte y complacerte.

Tu boca es una pintura, y aunque parezca otro tema; toda ella eres tú. Tu labio superior delineado, sus perfectas y mágicas uniones y el sexi grosor del inferior, todo el tono ¡y todo el color!; toda ella eres tú. Boca de líneas y pinceladas preciosas, exactas, espontaneas, precisas y hermosas; de los más increíbles pigmentos... ¡Tu artista fue el mejor!

Tu nariz es mi escultura predilecta, y, tu exhalación; mi aire y oxigeno.

Es por ello que te respiro.

Primer Mundo

Primer Mundo, no solo son tus curvas, desarrollo, arquitectura y contenidos; también son tus apellidos.

Primer Mundo, no solo es tu suavidad y civilidad; también es tu ciudad. Primer Mundo, no solo son las caricias que te has dado y que te hemos dado, las que te han ablandado, rotulado, aligerado, acariciado y, llenado de prestigio; también ha sido que salieras en tu propio auxilio.

Primer Mundo, no solo han sido tu sonrisa, dulzura, sedosidad, aroma y tus perfumes, los que te han impregnado y apoyado; también han sido tu educación, pasión y preparación.

Primer Mundo, no solo es tu anti rudeza y belleza; es tu disciplina, inteligencia, correcta informalidad y frescor... ellos te han hecho mejor.

Primer Mundo, eres libre, respetado, carismático y emblemático, nacional e internacional, institucional y decente.

Primer Mundo, gracias por no ser criminal y por ser anti militar. Primer Mundo, tu sensibilidad y sensibilización, te hacen ser y lucir superior.

Primer Mundo, no retrocedas.

Primer Mundo, no vuelvas a envilecerte con el Fascismo, Nazismo ni con el Comunismo, tampoco lo sigas haciendo con el Socialismo; porqué al final, todos ellos son lo mismo.

Kelly

Kelly, nunca sientas miedo, ó sí; siéntelo; pero siempre cree en Dios, y consérvalo en tu vida y ser. Tus ojos, esencia, sonrisa y mirada; siempre prevalecerán y nos cautivaran a todos. De eso estoy seguro. Tu dulzura permanecerá, brillará y te conservará. Por mucho que te ensucies, creas hacerlo o lo hagan; tú siempre serás tú... siempre serás, Kelly. Siempre sé, Kelly. Kelly, nunca dudes de ti, del blanco de tu piel ni de ninguno de tus poros; que ellos, permanentemente sean tu fuente; decide tú de qué y para qué.

Kelly, tú eres una flecha... Elige tú el color, el aroma y el tamaño del dardo que eres y, el grueso de la herida o rasguño que seas capaz de hacer, no hacer o hacerte.

Kelly, escoge el tipo de saeta que serás... y también el blanco en el que darás.

Rompecabezas

De nuevo hoy, y con tu cotidiana suavidad, dulzura, compresión y amor, me pides venir; y yo no sé qué contestarte; porqué quiero comenzar a armar un rompecabezas. Aunque casi nunca yo he podido decirte a ti, que no.

Hoy tan solo quiero sacar de esta caja mi puzle y comenzar a armarlo y a articularlo.

Mientras tú, posada en tu habitual paciencia aguardas mi respuesta; yo solo pienso en mi rompecabezas.

Su caja nueva, brilla ante mis ojos y me atrae absolutamente. El empaque es muy grande y cuando lo muevo; las piezas sueltas y desordenadas; bailan torpemente dentro de su interior. Y yo solo quiero sacarlas y armarlas con concentración, amor, atención, silencio, esmero e interés.

Quiero abrir, estrenar, planificar y comenzar a armar mi rompecabezas.

Tú sigues silente, paciente y expectante. Tu silencio me grita tus ansias por venir. Sé y siento tu anhelo. Sé y siento tu deseo. Sé y siento lo que quieres escuchar... pero yo, tan solo; quiero empezar mi rompecabezas. A través del auricular; tu respiración se agita y me agita, y comienza a controlar los latidos de mi corazón... y es allí, cuando comprendo, descubro y entiendo; que en realidad frente a mí no hay ningún estuche contentivo de un juego, acertijo, entretenimiento o pasatiempo, mucho menos una adivinanza o conflicto por resolver; sino solo que estoy frente a mí mismo y que todo yo soy un inmenso enigma, jeroglífico, puzle y rompecabezas. Así que sí... ¡ven rápido!.. ¡corre!.. y trae contigo toda tu brillante e importante inteligencia; porqué solo tú conoces y eres capaz de armar y reconstruir a este rompecabezas.

Manzana Verde

Tú tienes el color de piel, que más me gusta ver. Al tenerte en mis manos; disfruto tocarte y olerte. Tu aroma se me hace exquisito y es mi preferido. Tu voluptuosidad y silueta; son mis dulces debilidades.

Manzana Verde, me encanta morderte. Al hacerlo; emites el sonido y gentil gemido, más temido y querido.

Manzana Verde, amo tu vestido.

Manzana Verde, aguas mi boca y me endulzas los labios, la lengua y el paladar. Tú me enjugas completamente... Por ti y en ti; me convierto en el más delicioso jugo e increíble elixir. Tú me transformas y conviertes, completamente.

Leonel

Leonel, cuando tú naciste; yo no pude ver tus ojos... tal vez aún los tenías cerrados ó, yo no estaba allí, para ti. Disculpas, si lo segundo fue lo que ocurrió. Pero hoy y, gracias a Dios, sí puedo verlos, ver a través de ellos y con claridad.

Leonel, tú eres un ángel.

Leonel, tú podrías volar y flotar como un pétalo de luz, sobre un mundo perfecto... tu mundo perfecto. No importa si a veces duele. Tu voz es potente; hazla escuchar.

Si algún día el orbe hace que te preguntes, ¿qué mierda hago yo en éste lugar?; busca tener tu alma perfecta y hazla sonar, soñar, esperar y sentir; solo Dios, te la dará. Nunca lo apartes de ti; que jamás existirán razones, para que lo hagas.

Leonel, mira y observa: ahora sí estoy aquí para ti.

Pétalo

No es tu cerebro, ni el tono de tu cabello. No es tu voz, ni tu contenido. No es tu comportamiento... No es tu pasado, presente y, mucho menos, tu futuro. Tampoco son tu alma y espíritu. No son tus creencias o ausencia de ellas. No es tu gracia o carisma. No es tu forma de ser, tu presencia, y mucho menos, tus ausencias; tan solo es tu piel, lo mucho que me pones, provocas y gustas. El deseo que te tengo y el morbo que me das. Sí es tu corazón. Es tu mezcla; la aleación que eres.

Pétalo, con tan solo ese sí; tienes toda mi atención, valor, compañía, amor y corazón.

Red Social

Red Social, poco me importan tus «likes», me gustan y ánimo de seguirme o de que te siga; me importa mucho más; lo que te doy y, lo que yo siento por ti... porqué con eso es con lo que yo vivo.

Maldita Red Social, tú surgiste para hacerme sentir el ser más odiado, amado, miserable, infortunado, despreciado, afortunado, apreciado, feliz e infeliz; por eso, maldita Red Social, jamás podrás suplantar, lo esencial. Tú eres la hija ramera de seres que no han conocido más que un teclado y una pantalla de ordenador más, cuatro paredes. De hombres y mujeres, que no besaron, tocaron ó amaron, hasta su infeliz y afectivamente fracasada y frágil adultez. De quienes sus mamás les molestaban, y que se ocultaban de sus padres y abuelos; para lograr no verlos.

¿Qué sabes tú de pasión, maldita Red Social, ó de amor?; si de lo que sabes, quieres y conoces, es sobre la ambición.

Te escupo, maldita Red Social, y lo hago con gusto; porqué te escupo con los restos de la saliva de los besos que nos dimos quienes desde jóvenes hemos podido amar y enamorarnos. Lo hago con la húmeda huella, que dejan mis viejos, hermanos, amigos y abuelos; luego de besar mi frente y, con la que los pintores y escritores, mojamos las puntas de nuestros bolígrafos y lápices y, los finos cabellos de nuestros pinceles; luego de haber escrito, pintado, amado, pensado, imaginado, dibujado, sentido, ser apasionados, después de haber vivido el ardor, dolor, la lujuria y el amor. Te escupo con los restos de la saliva, con la que los músicos y cantantes; salpican y mojan, sus instrumentos y micrófonos; cuando están dando lo mejor de sí, para expresar, ¡completamente!, sus pensamientos y sentimientos. Y por último, maldita Red Social... te escupo con la champaña, el whisky escocés y

el vino tinto; que durante mi vida he podido tomar, beber,
ver y degustar y del que ¡tú!; nunca sabrás ni, conocerás, su
exquisito sabor, aroma y color.

Tú no eres nada, maldita Red Social, aunque lo creas,
y, yo voy a utilizarte, para sobrepasarte.

¿Cuál?

¿Cuál será la flor, más bella de éste mundo? ¿Cuál será la falda, más bella de éste mundo? Y, ¿cuál será el pantalón, más bello de éste mundo?

¿Serás tú?

¿Sera la tuya?

¿Será el tuyo?

O, ¿todo ello eres tú? Tal vez aún no los he visto; tal vez aún no te he visto... Todavía no lo sé.

Pienso, y me confundo, desilusiono, desgano, desanimo, lato alto, vuelo bajo, trato de atinar, observar más y florecer.

Erro.

Somos tantos y tan distintos e iguales al vino tinto; que no distingo.

Sigo catando, pensando, probando, observando, comprando y degustando; porqué eso es lo que quiero... a la flor más bella de éste mundo, a la falda más bella de éste mundo ó al pantalón más bello de éste mundo.

La flor, es el ser humano y la persona. La falda, es la mujer. Y el pantalón, es el hombre. El resto lo colocas tú... tu gusto, tus gustos, tus preferencias, sentimientos y sentimiento. Tu deseo, deseos y anhelos. El excedente y lo que sobra, eres tú... lo que sientes, tu instinto, tus instintos, tus pasiones, lo que piensas, lo que eres, lo que quieres, lo que buscas; si es que lo haces; lo que das, quieres dar, lo que recibes, lo que deseas recibir y lo que crees merecer.

La diferencia la haces tú; no conformándote, siendo paciente, amándote, respetándote y queriéndote.

¡Salud!.. brindo por ti, por todos y creo en ti.

¡Aleluya!

5:55

Pudiera decir y escribir tan solo un cinco, Michael, por tus hermanos; pero prefiero decir, cantar, bailar y gritar, ¡quinientos cincuenta y cinco!; porqué tan solo tú, valías, bailabas y cantabas por cien, por diez, por cinco y por ¡quinientos cincuenta y cinco!, Michael.

Fuiste el rey del pop.

Para mí, eras un incomprendido y siempre un niño, aplastado por éste mundo y, el rey, yerno de otro rey; que nunca lo sabría y que tú superarías.

Eres el rey, Michael, y de eso no hay dudas... Fuiste amor, pasión, determinación, sensibilidad y temor. Talento, pureza, timidez y certezas. Inocencia. ¡Y de eso tampoco habrá dudas, Michael!; tan solo hay que escucharte, verte y observarte a ti, y no a lo que se dice de ti. Y aunque en realidad solo hay un Rey, Michael; tú, fuiste uno pequeño y piadoso, puro y hermoso, dulce, sentimental y amoroso, noble y talentoso; que soñó, creó, bailó y cantó como quiso, sobre el piso, desde el piso y donde quiso; por eso me lo permito, Michael ¡y rey del pop!

Michael, espero hoy lleves las alas que soñabas, querías y deseabas, y, que esas alas sean del tamaño y tengan el color, aroma y sabor; que seguramente tú desde aquí; la tierra que respiraste, a la que le cantaste y sobre la que bailaste; soñaste, creaste y diseñaste.

¿Ves, Michael?; eso no había sido todo, como tú dijiste y pensaste; aún faltaban éstas líneas y poema, rey del pop.

Ahora baila, respira, vuela y canta, como solo tú, podías hacerlo, rey de pop y Michael.

Bárbara

Sí, Bárbara e impresionante... amorosa, silenciosa, princesa, bailarina y hermosa. Gimnasta, marcial y estudiante. Ocupante de corazones, sonrisas y emociones.

Desde niña siempre con ánimos, ganas, pasión y emoción. Pasiones, canciones, ternura, dulzura y amor. Dedicación, acción, hermosura, luz y decisión. Sonrisa, sonrisas, alegría, alegrías, calidez y candidez.

Bárbara, tus abrazos son acogedores y sinceros, tu aliento dulce, de dulce y caramelo y, toda tú; sencilla, pura, dura, amable, notable, afable y cristalina, real e irreal, tierna, fuerte y clara.

Tú eres Bárbara y Briana; solo dos nombres son capaces de abrazar, abarcar, tocar, tener, llevar y sostener; todo el rosa, púrpura y blanco, que existe en tu corazón. Un solo corazón; nuestro corazón. Y todo el rojo y fuego, que como rio enfurecido, dirige tus latidos y recorre tus venas.

Te amo, niña y, por favor, nunca lo olvides; porqué fuiste tú, la que me habló, vio, sonrió, abrazó, abrió el pecho y flechó. Eres la más bella del mundo, y siempre que nos sigas hablando, viendo, tocando, sonriendo y abrazando; nos seguirás enseñando.

Tú, lo embelleces todo y a todos, Bárbara.

Bárbara, quédate aquí, no me prives de ti y nunca te olvides de mí.

FIN

Lo único verdaderamente sólido que existe, es lo que Dios, da.

DIEGO BÜRKLE SOLÓRZANO.

MIGUEL HERNÁNDEZ

Cien poemas de amor

I.S.B.N: 978-84-1136-029-6

"El recuerdo de Miguel Hernández no puede escapárseme de las raíces del corazón. [...]. // Su rostro cortado por la luz, arrugado como una sementera, con algo rotundo de pan y de tierra. Sus ojos quemantes, ardiendo dentro de esa superficie quemada y endurecida al viento, eran dos rayos de fuerza y de ternura. Los elementos mismos de la poesía los vi salir de sus palabras, pero alterados ahora por una nueva magnitud, por un resplandor salvaje, por el milagro de la sangre vieja transformada en un hijo. En mis años de poeta, y de poeta errante, puedo afirmar que la vida no me ha dado contemplar un fenómeno igual de vocación y de eléctrica sabiduría verbal."

PABLO NERUDA